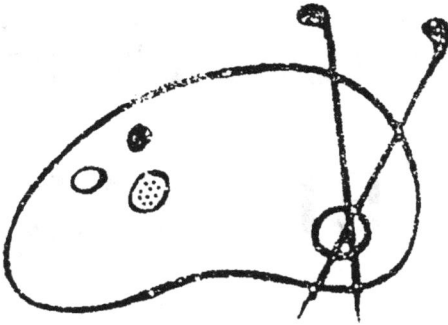

Début d'une série de documents
en couleur

Action Populaire

SÉRIE SOCIALE

M. RIGAUX

SYNDICALISME

ET RELIGION

Le numéro : 0 fr. 25

PARIS
Maison Bleue
4, rue des Petits-Pères, 4

REIMS
Action Populaire
5, rue des Trois-Raisinets, 5

PARIS
Victor Lecoffre
90, rue Bonaparte, 90

BIBLIOTHÈQUE SYNDICALE

———*———

———

ADRESSER LES COMMANDES :

à *M. l'Administrateur de l'Action Populaire,*
5, rue des Trois-Raisinets, Reims,
ou à la Maison Bleue,
4, rue des Petits-Pères, Paris.

Bar-le-Duc. — Impr. Brodard, Meuwly & Cie. — 6857,3,14.

BIBLIOTHÈQUE SYNDICALE

BROCHURES DE L'ACTION POPULAIRE A **0** FR. **25** (FRANCO)

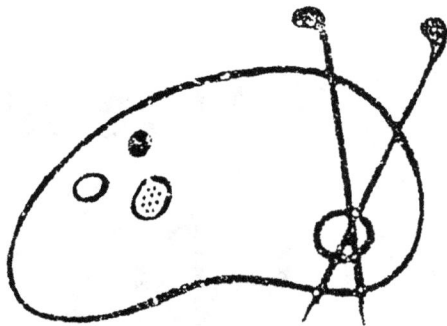

Fin d'une série de documents
en couleur

N° 308

Action Populaire

SÉRIE SOCIALE

M. RIGAUX

SYNDICALISME ET RELIGION

Le numéro : 0 fr. 25

PARIS
Maison Dieue
4, rue des Petits-Pères, 4

REIMS
Action Populaire
5, rue des Trois-Raisinets, 5

PARIS
Victor Lecoffre
90, rue Bonaparte, 90

Syndicalisme et Religion [1]

MES CHERS AMIS,

L'Encyclique *Singulari quadam* aux Evêques d'Allemagne à propos des syndicats ouvriers, venait d'être datée et signée par Sa Sainteté Pie X (24 septembre 1912), lorsque vous teniez à Fayt (28 septembre) vos assises syndicales.

Elle renfermait sur la matière que je dois traiter devant vous quelques passages que je veux d'abord relire :

« Quant aux associations ouvrières, bien que leur but soit de procurer des avantages temporels à leurs membres, celles-là méritent une approbation sans réserve et doivent être regardées comme le plus réellement et efficacement utiles à leurs membres, qui s'appuient avant tout sur le fondement de la religion catholique et suivent ouvertement les directions de l'Eglise. Nous l'avons déclaré Nous-même plus d'une fois lorsque l'occasion s'en est offerte pour diverses nations. Il s'ensuit qu'il est nécessaire d'établir et de favoriser de toute manière ce genre d'associations confessionnelles catholiques, comme on les appelle, dans les contrées catholiques certes, et, en outre, dans toutes les autres régions, partout où il paraîtra possible de subvenir par elles aux besoins divers des associés.

« S'agit-il d'associations qui touchent directement ou indirectement la cause de la religion et les bonnes mœurs, ce serait faire œuvre qui ne pourrait être approuvée d'aucune façon dans les pays susmentionnés que de vouloir favoriser et propager des associations mixtes, c'est-à-dire composées de catholiques et de

---

1. Cours professé à la Semaine sociale wallonne de Liège, devant le représentant de Monseigneur l'Evêque de Liège et les délégués des syndicats chrétiens, le 12 septembre 1913.

non catholiques. En effet, pour ne toucher que ce point, c'est incontestablement à de graves périls que les associations de cette nature exposent ou peuvent certainement exposer l'intégrité de la foi de nos catholiques et la fidèle observance des lois et préceptes de l'Eglise catholique. Et ces périls, Vénérables Frères, beaucoup parmi vous Nous les ont expressément signalés dans leurs réponses sur ce sujet.

« En conséquence, à toutes les associations purement catholiques d'ouvriers qui existent en Allemagne, c'est du fond du cœur que Nous adressons tous Nos éloges, Nous faisons des vœux pour le succès de toutes leurs entreprises en faveur des ouvriers, et leur souhaitons des développements toujours plus heureux. »

Mes chers amis, nous avons ici la parole authentique du vicaire de Jésus-Christ. Nous devons loyalement chercher à la bien comprendre et nous convaincre de sa gravité et de son opportunité.

Dans ce but, nous répondrons, si vous le voulez bien, à une double question :

I. Si vous n'aviez pas de syndicats chrétiens, basés sur le resp: ct de la religion, où iriez-vous ?

II. Avec ces syndicats chrétiens, où allez-vous ?

I

Si les syndicats chrétiens n'existaient pas, la plupart des ouvriers, sinon tous, iraient aux socialistes.

C'est le Pape Léon XIII qui nous l'affirme, en un texte célèbre que nous devrions savoir par cœur et qu'il fait toujours bon répéter :

« Dans cet état de choses, les ouvriers chrétiens n'ont plus qu'à choisir entre ces deux partis : ou de donner leur nom à des sociétés dont la religion a tout à craindre, ou de s'organiser eux-mêmes et de joindre leurs forces pour pouvoir secouer hardiment un joug si injuste et si intolérable. » (Encyclique *Rerum Novarum*.)

C'est d'une clarté parfaite et d'une parfaite vérité : à défaut de syndicat chrétien, les ouvriers sont quasi obligés de donner leur nom au syndicat socialiste.

Hélas ! si encore il ne s'agissait que de donner son nom. Mais donner son nom, c'est livrer en même temps, vous le savez bien, sa foi et sa liberté. Car le syndicat socialiste est à la fois *irréligieux* et *tyrannique*.

A. — *IRRÉLIGIEUX*

Il suffit, pour s'en convaincre, de parcourir la collection des journaux socialistes :

les grands quotidiens : le *Peuple*, l'*Humanité*, la *Bataille syndicaliste ;*

les « provinciaux », pis encore ;

même les organes purement corporatifs des Fédérations de métier.

Non seulement ils ignorent les doctrines catholiques, mais ils leur sont franchement hostiles, et certains n'ont, par moments, rien à envier aux organes maçonniques.

Si les journaux sont ainsi, les milieux syndicaux doivent être de même. Ne lisait-on pas dans l'*Humanité* du 6 décembre 1906 ces lignes :

« Par son action, par sa vie même, le syndicat est l'adversaire de tous les partis rétrogrades ou simplement stagnants et imprécis par tous les liens qui les rattachent à l'Eglise, à la servitude, à la domination, à l'exploitation et à la résignation. La tolérance syndicale ne va pas et ne peut pas aller jusqu'à la crainte de la profanation de toutes les religions. Cela est si indéniable et si logique qu'il est impossible de soutenir qu'un seul syndicat ouvrier, digne de ce titre, désignerait ou laisserait en fonction un secrétaire à qui la conscience commanderait l'accomplissement régulier de ce qu'il appellerait ses devoirs religieux. »

Voilà qui est net !

Oh ! je sais bien que certains grands chefs, par habileté ou par conviction, déplorent cette phobie de la religion et lancent à l'occasion de curieuses déclarations. Le R. Père Rutten, en 1911, à Fayt, a dénoncé, avec de nombreux textes, le côté précaire et intéressé de ces tentatives.

Rappelez-vous en particulier cette parole de Vandervelde (discours de Bruxelles, août 1911) :

« Combien de fois n'ai-je pas été choqué en voyant la pensée socialiste rester à l'arrière-plan pour laisser passer des préoccupations d'anticléricalisme ? Et j'ai souffert quand, au lieu d'entendre chanter de beaux chants socialistes, nos ouvriers ne trouvaient plus qu'à chanter : « A bas la calotte ! » Dans nos maisons du peuple, où le Christ est à la place d'honneur, je souffre quand j'entends chanter des paroles froissantes et d'une abominable stupidité. »

Parole à laquelle faisait écho un député socialiste unifié français, M. Compère-Morel (*Humanité*, 1er sept. 1912).

« Oui, Vandervelde a raison, mille fois raison : nous avons autre chose à faire que de tomber dans la basse et vulgaire démagogie anticléricale des Homais de village, dont le sectarisme aveugle et l'étroitesse d'esprit sont un véritable danger pour la libre-pensée elle-même. »

Fort bien. Mais résister à ce sectarisme, c'est se heurter, les chefs le savent bien, à des habitudes invétérées d'intolérance ; et y résister de la sorte, c'est, vous l'avouerez, trop peu nous promettre pour mettre à l'aise nos consciences.

Est-ce que, il y a un an, dans le *Peuple* [1] du 15 sept. 1912, à propos de l'admission de « socialistes chrétiens » dans les rangs du parti ouvrier, le même Vandervelde, plutôt favorable à la chose, n'exprimait pas l'espoir que croyants et incroyants arriveraient à s'entendre, c'est-à-dire que, par suite du mélange habituel, les chrétiens peu à peu céderaient de leur foi ?

---

1. *Le Peuple* est le grand quotidien socialiste de Bruxelles.

Il disait :

« Quant à la crainte de voir, une fois admis à titre égal, dans nos maisons du peuple, des groupes de libre-pensée et des groupes de chrétiens s'épuiser en vaines querelles, je la crois, pour le moins, fort exagérée. J'ai la conviction, au contraire, que plus ils se rencontreront et discuteront, plus ils seront amenés à reconnaître la multiplicité de leurs points de contact. »

Voilà bien le danger. Nous serions des dupes de nous y exposer !

B. — TYRANNIQUE

Ici, chers amis, c'est vous qu'il faudrait interroger.

Vous et vos conseillers : je n'ai qu'à rappeler les cours si documentés qui nous ont été faits les années précédentes par M. l'abbé Parot depuis 1909, et par M. l'abbé Hannigan en 1911.

DONC : là où il n'y a pas de syndicat chrétien, les ouvriers sont exposés quasi fatalement à perdre leur dignité d'hommes libres, et surtout à perdre leur âme immortelle.

Et, dès lors, il ne faut plus s'étonner de voir le Pape, gardien suprême des âmes ici-bas, jeter l'interdit sur les associations dangereuses (19 mars 1904, lettre au comte Medolago-Albani) :

« Nous sommes persuadé que dans votre action, vous vous efforcerez de tenir vos adhérents éloignés de ces sociétés qui sont cause directe de perversion intellectuelle et morale, et encore que vous mettrez tout en œuvre pour les éloigner, même de ces institutions *neutres* qui, destinées en apparence à la protection de l'ouvrier, ont un autre but que le but principal de procurer le vrai bien moral et économique des individus et des familles. »

Et, avant Pie X, Léon XIII avait déjà écrit ces lignes :

« Il résultera de là [de la fondation des sociétés chrétiennes] cet autre avantage, que l'espoir et de grandes facilités de salut seront offerts à ces ouvriers, qui vivent dans le mépris de la foi chrétienne ou dans les habitudes qu'elle réprouve. Ils comprennent d'ordinaire, ces ouvriers, qu'ils ont été le jouet d'espérances trompeuses et d'apparences mensongères. Car ils sentent, par les traitements inhumains qu'ils reçoivent de leurs maîtres, qu'ils n'en sont guère estimés qu'au poids de l'or produit par leur travail ; quant aux sociétés qui les ont circonvenus, ils voient bien qu'à la place de la charité et de l'amour, ils n'y trouvent que les discordes intestines, ces compagnes inséparables de la pauvreté insolente et incrédule. L'âme brisée, le corps exténué, combien qui voudraient secouer un joug si humiliant ? mais, soit respect humain, soit crainte de l'indigence, ils ne l'osent pas. Eh bien, à tous ces ouvriers, les sociétés catholiques peuvent être d'une merveilleuse utilité si, hésitants, elles les invitent à venir chercher dans leur sein un remède à tous leurs maux ; si, repentants, elles les accueillent avec empressement et leur assurent sauvegarde et protection. » (Encyclique *Rerum Novarum.*)

II

Dissipons d'abord une équivoque.
Qui dit syndicat chrétien ne dit pas confrérie religieuse. •

Autre chose est la confrérie, la congrégation : union purement religieuse, recommandée d'ailleurs par les Souverains Pontifes et singulièrement utile au perfectionnement catholique des syndiqués ; — autre chose l'organisme syndical : association d'ouvriers catholiques à objet immédiatement professionnel.

Ceci posé, vous allez au syndicat, gardien des devoirs et des droits de la profession, et vous lui donnez l'esprit chrétien. — Pourquoi ?

1: **Pour. que, dans son effort viril, il soit nettement orienté par le phare de la doctrine catholique.**

Pensée capitale qu'il nous faut approfondir un instant.

Enonçons d'abord la vérité suivante, et appuyons-la de quelques textes.

Pour exercer une action sérieuse, il faut être des convaincus, et pour être des convaincus, il faut posséder une doctrine complète et convaincante.
Or, de plus en plus, nos adversaires s'affaiblissent sur ce point.

a) Le « socialisme doctrinaire » tombe peu à peu de l'idéalisme collectif au terre à terre égoïste.

Oh ! sans doute, les ténors du Parti chantent toujours la nécessité et l'efficacité des doctrines. Naguère encore (3 sept. 1913), Jaurès, dans l'*Humanité*, s'écriait :

« Pour que l'action ouvrière atteigne le plus haut degré d'efficacité, il faut qu'elle atteigne le plus haut degré de clarté. Une méthode d'action et de combat ne peut produire tout son effet que si elle est parfaitement nette, et elle ne peut l'être que si on définit les doctrines dont elle procède, et si on en précise par des exemples les applications possibles. »

Hélas ! Comme les adeptes du protestantisme, religion prétendue réformée, les adhérents du socialisme, parti prétendu unifié, se livrent sans vergogne aux fantaisies du libre examen. Chacun tire à soi les idées comme il l'entend. La jalousie ou la vanité aidant, le voisin s'exerce à penser à sa guise, et finalement, c'est toujours une majorité de congrès, passionnée et changeante, qui fixe — sur le sable — les doctrines du Parti.

Incohérence et faiblesse.

Aussi, de plus en plus nombreux ceux qui, méprisant délibérément les idées, ne visent plus qu'un but : la jouissance, sans phrases, mais à jet continu.

Et nous voyons un homme de bon jugement et de loyauté, un positiviste, un incroyant, M. Deherme (le fondateur des Universités populaires en France), observer et noter le phénomène :

« Le socialisme fut un idéal, une aspiration religieuse vers la justice sociale ; il n'est plus pour les ouvriers que ce désir vague, malsain, de s'évader de sa propre existence, qui, chez les bourgeois, prend la forme de l'arrivisme et de la noce. Le socialisme, aujourd'hui, quand on le dégage de sa phraséologie ordinaire, ce n'est plus que l'envie des prolétaires de jouir comme les riches et d'être dispensés de tous les devoirs. C'est, d'ailleurs, ce qui donne encore une apparente énergie aux revendications révolutionnaires. » (*La Coopération des idées*, septembre-octobre 1905.)

b) A côté du socialisme, voyez le « syndicalisme révolutionnaire » ; il tournoie déjà, hésitant entre les doctrines, piquant du nez comme un avion sans direction...

Sans doute, lui aussi se rend bien compte que les idées gouvernent les partis, et, le 27 août 1913, dans la *Bataille syndicaliste*, une déclaration-manifeste, signée par les chefs des Fédérations affiliées, s'exprimait ainsi :

« Si nous estimons que le syndicalisme a un rôle destructeur des pratiques routinières et de la mauvaise organisation sociale, nous savons également qu'il a un rôle constructeur qui doit, par une élévation constante de la conscience ouvrière, tendre à créer un niveau moral... »

Mais tout le monde constate que la *Confédération générale du travail*, peu à peu, subit une crise interne par variations d'idées motrices, par défaut d'idées communes.

Dans la *Revue socialiste* (15 juin 1912, p. 541), un cégétiste de l'Union des mécaniciens de la Seine a le courage d'écrire :

« Personne aujourd'hui n'oserait nier l'existence de la crise morale et matérielle profonde que subit actuellement le mouvement syndical français. Crise matérielle se traduisant par la stagnation des effectifs, crise morale caractérisée par un manque général d'influence, conséquence d'une absence de grande pensée commune. »

Jaurès, à propos du Manifeste de la C. G. T., souligne

(sans le vouloir peut-être) le caractère précaire d'une organisation générale des travailleurs, oscillant ainsi dans sa doctrine au hasard des événements :

« Enfin, les dirigeants mêmes de la Confédération, dans le manifeste récent où ils définissent une fois de plus leur conception et leur méthode et où ils maintiennent la continuité de leur action, affirment bien haut, non sans noblesse, que le devoir d'une classe et d'une organisation de classe est d'être attentive aux leçons des événements, d'évoluer avec la vie elle-même et d'adapter ses moyens d'action et de lutte aux conditions changeantes de la réalité. » (*Humanité*, 3 septembre 1913.)

Dans l'organe même du syndicalisme violent, dans la *Bataille syndicaliste* du 12 février 1913, le camarade Bourchet, ancien secrétaire général de la Fédération des Métallurgistes, insistant sur le malaise dont souffre la C. G. T., pose ce diagnostic :

« Le malaise vient surtout de ce que nous n'avons pas su assez faire comprendre aux travailleurs l'immensité de l'effort à accomplir. » Ce n'est pas « une heure de révolte » qui est capable de « modifier tout un monde. L'œuvre révolutionnaire est plus complexe, plus aride. C'est le long travail d'évolution de la pensée, c'est le levain qui bouillonne dans les cerveaux... »

Et il dénonce comme danger « les cerveaux creux ».

Et plus récemment encore, un des secrétaires de la Fédération du bâtiment, A. Nicolet, répétait :

« Si le syndicalisme n'a pas voulu accepter la collaboration du Parti socialiste, — qui, cependant, offrait par ses traditions, par son corps de doctrines, des garanties morales — ce n'est tout de même pas pour se livrer pieds et poings liés à d'autres qui, à mon avis, ne présentent aucune unité de doctrines et aucune de ces garanties de traditions....

« Et si j'ai pu dire à Bordeaux qu'à mon avis on sacrifiait trop souvent l'idéal à l'action, c'est que comme d'autres camarades, ma pensée allait bien vers l'avenir, sans vouloir pour cela oublier les difficultés de tous les jours. »

(*Humanité*, 23 septembre 1913.)

Enfin le principal docteur du syndicalisme en France, un cerveau d'ailleurs puissant, Hubert Lagardelle, lorsqu'il notait dans le *Mouvement socialiste* (sept.-oct. 1912, p. 161) les variations du mouvement syndicaliste, avouait ceci :

« Guetté par les sectes, subissant leurs impulsions, le mouvement syndicaliste a trop souvent donné l'impression d'un bateau ivre. On a pu croire, pendant un temps, qu'il se laissait atteindre par la démagogie d'un blanquisme équivoque : le « citoyen Browning », l'insurrectionnalisme, le « liabouvisme », la violence systématique des rues, le sabotage des poteaux télégraphiques, l'antiparlementarisme anarchisant, sans parler des tristesses écœurantes du « droit à l'avortement » et des entreprises néo-malthusiennes, l'ont un instant menacé. Infiltrations du dehors qui montrent combien la pratique ouvrière peut être facilement corrompue... »

Et dans un autre article (juillet 1912, p. 144), résumant l'ensemble du système actuel, il écrivait :

« L'action seule ayant une valeur éducative, la théorie est remise à sa place secondaire d'instrument toujours revisable, et le pragmatisme se substitue au dogmatisme. »

C'est-à-dire que, ne sachant plus comment penser, on préfère agir sans penser : véritable défi au bon sens et à la nature humaine.

Messieurs, c'est là, c'est dans l'absence de doctrine complète et entraînante qu'est le vice de nos adversaires, et c'est par là surtout qu'ils échoueront !

Quant à nous, c'est par la doctrine que nous triompherons.

Pour donner à notre action sa valeur maximale, nous choisissons, nous, la doctrine catholique.

Pourquoi ? J'en donnerai deux raisons.

a) *Parce que d'abord, seule, elle sanctifie les âmes.*

Nous savons, en effet, par la doctrine catholique, que le problème du travail se rattache à un autre problème d'ordre plus élevé, celui de la destinée humaine.

L'homme doit vivre de son travail, oui, mais aussi sa vie de travail doit le conduire à l'éternelle vie.

Donc

d'une part, oui, le travail doit être organisé dans ses conditions matérielles de façon à ne pas faire obstacle à cette ascension de l'homme vers Dieu, idéal infini ;

mais, de son côté, le travailleur doit sanctifier son travail ainsi protégé, pour ne pas le détourner lui-même de sa fin dernière divine.

Quelle lumière, chers amis !

Et surtout quelle noblesse ! Tous nos actes, si nous sommes en grâce avec Dieu, ont une valeur d'infini... Le moindre coup de pic ou de pelle, tous les efforts de nos bras, toutes les heures de nos journées de labeur, tout cela se trouve sanctifié, tout cela est reçu par Dieu, béni par Dieu, récompensé par Dieu.

Ah ! ce n'est pas la pure résignation, cela ! C'est l'élan joyeux, plein d'entrain, de courage et d'éternelles promesses qui nous hausse au-dessus de nous-mêmes dans un sentiment profond, dans une conscience émouvante de notre valeur surnaturelle et de notre gloire d'enfants de Dieu.

Comme cette pensée supérieure est de nature à favoriser notre élan professionnel ! à faire de nous les meilleurs professionnels !

En effet, elle nous donne du travail une idée superbe, une idée-force ;

Or toute idée-force incline aux actes correspondants, d'autant plus qu'elle-même est plus saisissante.

Ici quels seront les actes ?

Le respect et le soin des instruments du travail : compagnons silencieux ou bruyants, don de Dieu pour gagner et sanctifier la vie.

Le travail bien fait, avec soin, avec goût, avec une coquetterie d'artisan qui « finit » son labeur.

L'horreur, par conséquent, de tout ce qui tend à déshonorer le travail : alcool, débauche, travail du dimanche, sabotage, malfaçons.

Les enfants élevés dans l'estime du travail chrétien, dans l'ardeur au vaillant travail.

Et ce doit être, j'imagine, pour un ouvrier chef de famille, une joie profonde, une allégresse incomparable que d'apprendre à ses fils, par ses conseils et par son exemple, que leur travail quotidien, loyalement et gaiement accompli dans l'état de grâce, les rend supérieurs, dans l'estime de Dieu qui seule compte, à l'ingénieur sans foi ou au patron sans morale !

b) *Parce que la doctrine catholique, seule, donne à notre marche professionnelle une boussole toujours exacte.*

Le R. P. Rutten vous le rappelait (Fayt 1912) avec sa force habituelle de persuasion : *La morale est le fondement nécessaire de l'organisation syndicale.*

L'action syndicale soulève une foule de questions morales : *question du salaire* (égalité contractuelle, justice commutative, salaire vital), *question des conflits* (juste grève, contrainte syndicale, boycottage, sabotage), *question des devoirs patronaux* (juste salaire, hygiène morale et physique des ouvriers, repos dominical), *question des devoirs ouvriers* (travail normal, soin des machines et des matières premières, respect de l'autorité)...

Pour avoir à toutes ces questions des solutions justes, équitables, dans le respect de tous les droits légitimes, où vous adresserez-vous ?

Aux socialistes ? — Mais vous savez bien que leur principe fondamental de la lutte des classes est la négation même de l'idée morale. Si le point de départ est faux, impossible d'arriver au but !

Aux syndicats neutres ? — Mais comment voulez-vous qu'on reste neutre lorsqu'une décision grave s'impose ? Il faut choisir, il faut agir ; dites vos principes. — Je n'en ai pas ! — Alors comment vous déciderez-vous ? — Au petit bonheur, d'après les circonstances ! — Alors, mon ami, vous vous égarerez. Quand la boussole manque, on perd le Nord !

Et puis, si vous êtes mélangés, par exemple entre croyants et incroyants, comment pourrez-vous juger de même et tomber d'accord quand se posera la question morale ? Vos lunettes n'auront pas le même numéro, vos plans de vision seront différents.

Et de cette vérité de bon sens je trouve une intéressante confirmation dans un passage du beau livre de M. Arthur Verhaegen « Vingt-cinq années d'action sociale », lorsqu'il raconte les vaillants efforts du groupe antisocialiste de Gand en 1886 (fondation d'un journal hebdomadaire « De Lichtstraal ») :

« Cependant, une ère de difficultés s'ouvrit lorsqu'il fallut décider de la ligne de conduite à donner au *Lichtstraal*. Aussi longtemps qu'ils n'avaient pas eu à formuler des principes, un programme, des revendications d'ordre moral, tout avait marché à souhait pour les antisocialistes. Le groupe comprenait des libéraux et des catholiques qui se coudoyaient amicalement : également écœurés des violences par lesquelles le socialisme inaugurait son action novatrice, ils puisaient, dans une commune répulsion pour des doctrines et des procédés révolutionnaires, la solidité des liens qui les unissaient contre l'ennemi commun.

« Du moment où le journal fut fondé, la nécessité d'un programme économique et social apparut pressante et, en même temps, éclata l'impossibilité de trouver, entre libéraux et catholiques, le trait d'union nécessaire. » (P. 35.)

C'est l'expérience qui confirme la vérité théorique.

Vous au contraire, groupés entre catholiques, examinant toutes choses à la seule lumière forte et douce de la doctrine catholique, vous irez toujours au Vrai, donc au Juste, donc au Bien.

Car les principes catholiques forment un réseau complet, sans lacune, sans déchirure : ils arrêtent toutes les difficultés.

Car les principes catholiques forment un réseau solide, qui ne fléchit point, même sous le poids de l'or. Chers amis, une catégorie de patrons le sait bien et le saura de plus en plus : les catholiques ne sont pas à vendre.

Car les principes catholiques forment un réseau souple et fort qui enserre impérieusement la conscience et qu'elle accepte librement.

Et voilà pour nous une première force : tous unis, dans l'harmonieuse et impérieuse unité de la doctrine ; tous forts de la force même des principes divins ; dans le désarroi des idées et des méthodes qu'on agite autour de nous, ne formant vraiment qu'une seule tête, et donc une seule pensée !

Vous allez au syndicat, gardien des devoirs et des droits de la profession, et vous lui donnez l'esprit chrétien. — Pourquoi ?

2° Pour que, dans son effort viril, il soit strictement uni par la force de l'amour.

Voilà, Messieurs, notre deuxième force, notre deuxième supériorité sur nos camarades de travail, et c'est encore la religion qui nous l'assure.

a) L'esprit syndical est un esprit de sacrifice.

Dernièrement, à Reims, la police perquisitionnait chez plusieurs anarchistes antimilitaristes. Lorsque l'un d'entre eux qui, en maintes circonstances, avait affiché son mépris des formes légales, vit arriver les représentants de l'autorité, il prit soin de demander aux agents s'ils étaient munis d'un mandat légal : « Cela n'a aucune importance, lui répliqua M. le commissaire divisionnaire ; puisque vous êtes illégaliste, vous ne devez pas vous préoccuper des formes légales. »

Et l'autre de répliquer qu'il n'était partisan de l'illé-

galisme qu'autant que ses intérêts personnels n'en étaient
pas lésés !

Nous ne sommes pas de ceux-là, chers amis. Nous
savons qu'il y a des cas où l'intérêt personnel d'un travailleur doit disparaître devant l'intérêt général de l'association.

Par exemple, il faudra sacrifier un plaisir sportif à
l'étude sociale, à l'exactitude aux réunions syndicales...

Il faudra sacrifier quelques dépenses inutiles en boissons,
en tabac, en voyages..., pour payer exactement et inté-
gralement la cotisation syndicale, la plus forte possible...

Il faudra sacrifier des loisirs, une partie de sa vie de famille
pour remplir les charges syndicales (président, secrétaire,
propagandiste), etc...

Et alors une double évidence s'impose à l'observateur :

D'abord que, pour faire gaiement et surtout régulièrement
ces sacrifices, il fait bon avoir avec soi, par la prière, par
les sacrements, en un mot par la religion, la grâce de Dieu
qui fait aimer le prochain comme soi-même. Et c'est parce
qu'ils ne l'ont pas que les adversaires ont tant de mal à
vaincre leur égoïsme, témoin cet autre aveu de Hubert
Lagardelle (*Mouvement socialiste*, sept. 1912) :

« Il y a un parlementarisme syndicaliste aussi néfaste que le
parlementarisme socialiste. Le moindre délégué prend vite, en
France, les allures d'un chef politique. La grave question du
fonctionnarisme syndical préoccupe justement de plus en plus
les groupements ouvriers. On a trop vu des secrétaires de syndicats devenir des politiciens au petit pied : d'aucuns intrigants,
autoritaires, divisés, jaloux ; d'autres, accrochés à leur place,
tirant cyniquement profit des oppositions locales des partis ¹... »

---

1. Pour M. E. Klemczynski (*Mouvement socialiste*, nov.-déc. 1909),
secrétaire de l'*Union syndicale Ain-Jura*, le progrès de la C. G. T.
n'est plus évident. « Le mouvement d'autonomie ouvrière devrait
prendre d'autres proportions. La cause de cette crise est d'abord
purement morale... » Les salariés n'ont pas encore les « vertus nouvelles » que requiert la révolution ; ils n'ont pas une pleine conscience de leur rôle ; leur clairvoyance, comme leur volonté, est
encore insuffisante. Certains se laissent gagner par des « sollicitations

Nous, chers amis, nous pouvons et nous devons leur donner l'exemple du sacrifice.

Mais aussi, deuxième évidence, ces sacrifices du chrétien à la cause syndicale la rendront inébranlable. Comme le disait mon cher ami Heyman au IIe Congrès de l'*Action Populaire* (Paris 1911) :

« Les résultats de notre mouvement syndical chrétien seront en rapport direct avec le dévoûment et les sacrifices que les ouvriers eux-mêmes se seront imposés pour *leur* cause syndicale. » (*Revue de l'A. P.*, 20 mai 1911, p. 372.)

Ah ! la belle pensée, et comme elle est juste !

b) L'esprit syndical est un esprit de dévouement mutuel.

Dans le syndicat, comme dans la famille, doit se réaliser le divin commandement : « Aimez-vous les uns les autres ! »

Ah ! Messieurs et chers amis, si nous pratiquions mieux cet ordre de Notre-Seigneur Jésus-Christ, quel bien en résulterait !

Des premiers chrétiens, vous le savez, les païens disaient : « Voyez comme ils s'aiment ! »

En voyant vivre et souffrir nos malheureux camarades

---

mortelles » à faire le jeu du capitalisme. « L'alcoolisme continue à exercer ses ravages »; les militants ne se recrutent plus : « leur pénurie est frappante dans les congrès »; or, « le problème des militants prend une importance inouïe avec le syndicalisme »; les organisations « s'étiolent faute d'éléments stimulateurs ». Les rouages de la C. G. T. ne sont pas assez mobiles, il y a des déperditions de forces et d'argent. Les ressources restent insuffisantes, en raison du taux dérisoire des cotisations et de la « paresse pécuniaire » des adhérents. L' « outillage » n'est pas à la hauteur des besoins.

M. Klemczynski résume ainsi ses remarques : « La crise du syndicalisme résulte de la disproportion qu'il y a entre l'ampleur de sa fonction et l'insuffisance des moyens moraux et matériels... La crise du syndicalisme, c'est la grande apathie de la classe ouvrière qui en est responsable. Moins de polémiques : méfions-nous des plumes et du papier !... »

socialistes, croyez-vous que nous puissions dire d'eux la même chose ?

Je me souviens qu'en 1906 a été lue à la tribune du Sénat français une lettre-testament, écrite par Emile Joindy, un militant socialiste qui venait de se suicider le 7 novembre :

Il faut lire et méditer ce document :

« Aujourd'hui, mercredi 7 novembre 1906, je joue quitte ou double.

Peut-être ne rentrerai-je pas, alors j'en aurai fini avec l'équivoque d'une existence ratée.

Je n'en veux à personne.

Je mourrai désillusionné de beaucoup de choses.

Je m'étais fait une idée de la vie qui n'a pas cours.

J'avais cru à plus de loyauté et de franchise.

Le monde est effroyablement corrompu et vil.

C'est dans le milieu socialiste, dans lequel j'ai vécu ces quinze dernières années, que j'ai connu le plus de déboires.

Je n'ai pas eu le courage d'en sortir à temps et je m'y suis enfoncé comme dans un bourbier [1]. »

En de pareils moments, Messieurs, on est sincère.

Mais de nous, mes amis, de nous, chrétiens de Belgique et de France, qui voulons, sur le noble terrain de la profession, faire l'union des esprits et la conquête d'un légitime bien-être, il faut que de nous, de nous tous, entendez-vous bien, ceux qui nous voient à l'œuvre, qui nous écoutent, qui même nous surveillent, puissent dire, entraînés par nos exemples : « Voyez donc ces syndiqués chrétiens, voyez comme ils s'aiment ! »

Avant de finir, deux mots encore.

Si évidente que soit la supériorité morale, et par conséquent sociale du syndicat chrétien, il n'est pas rare d'entendre encore des esprits plus ou moins chagrins nous reprocher de diviser avec lui la classe ouvrière.

---

1. *Journal Officiel de la République française*, Sénat, p. 939 (séance du 20 nov. 1906).

Non, Messieurs, *nous ne divisons pas la classe ouvrière*.
D'abord, pourquoi donc les socialistes auraient-ils le monopole des associations ouvrières ? Si, par nos doctrines, nous divisons la classe ouvrière, ne la divisent-ils pas, eux aussi, par les leurs ?

Et si les doctrines de pacification, de respect mutuel, de vigueur morale que nous préconisons, sont divisantes, que dirons-nous donc des doctrines de haine, de violence et de bas matérialisme de nos adversaires ? Les causes de division sont là, pas ailleurs !

Quant à nous, nous serons toujours prêts, en cas de juste revendication, à faire alliance momentanée avec ceux de nos frères de travail que nous avons la tristesse de ne pas compter dans nos rangs. Cela, notre conscience nous le permet. Le pape le rappelait naguère dans son Encyclique sur les syndicats allemands :

« Nous ne nions pas qu'il soit permis aux catholiques, toute précaution prise, de travailler au bien commun avec les non catholiques, pour ménager à l'ouvrier un meilleur sort, arriver à une plus juste organisation du salaire et du travail, et en vue de tout autre but utile et honnête. Mais, pour cela, Nous préférons la collaboration de sociétés catholiques et non catholiques unies entre elles par ce pacte opportunément imaginé qu'on appelle un cartel. »

*

Loin de briser l'unité ouvrière, chers amis, nous sommes dans nos syndicats chrétiens pour la cause ouvrière le véritable rempart du droit et de la justice.

Par notre cohésion plus ferme, par notre élan plus franc, par notre direction plus sûre, par notre ténacité plus constante, par notre esprit de sacrifice plus profondément enraciné, et surtout par notre affection mutuelle toute large et débordante, c'est nous qui travaillons le mieux à l'efficace amélioration du sort des travailleurs.

Un jour viendra, j'en ai la confiance, où nous aurons si bien fait la preuve que les puissances d'union sont en nous que, de toutes parts, les travailleurs, nos frères, afflueront vers nos organisations syndicales.

Le présent répond de l'avenir.

Eh bien, travaillons !

Un écrivain français, Henry Rosny, rappelait naguère l'enthousiasme des premières propagandes syndicales françaises vers 1891.

« Alors, dit-il dans son roman « La vague rouge », ce fut la tournée des apôtres, des marabouts, des iconoclastes, de l'Armée du salut syndicale.... Tous s'en allaient, prêchant les gueux en blouse, en cotte, en salopette, en serpillière, en tablier de cuir ou de toile, les gueux blancs de plâtre ou de farine, noirs de suie, de charbon ou de limaille, bleus ou verts de teinture, tachetés d'ocre, de céruse ou de vermillon, roussis par le soleil, rôtis par la fournaise, empoisonnés par l'acide, le caustique, le phosphore... faméliques, alcooliques, dégradés, abrutis. Ils allaient par les faubourgs d'usines, les hauts fourneaux et les pays de houille, les carrières, les chantiers, les quais, dans les trous de la terre, dans les flancs des navires, ils allaient secouant l'homme inerte, l'allumant de convoitise et de haine, éparpillant pêle-mêle dans sa tête les images, les idées simples et les furieuses espérances. Des myriades d'âmes dormaient qui se réveillèrent. D'apprendre les noms de leur souffrance, elles souffrifent davantage ; de connaître leur droit, elles se virent sous une iniquité incommensurable ; de concevoir leur force et la crainte des autres, une férocité les souleva. Et l'idée se mit à germer jusque dans la cervelle rétive et méfiante du paysan. » (*Grande Revue*, 1911.)

Ah ! mes amis très chers, ne nous laissons pas distancer par les apôtres du socialisme, nous qui possédons en dépôt sacré et la Vérité et l'Amour.

Renouvelons ici notre énergique résolution d'assurer à notre tâche syndicale, par l'immortelle vigueur de l'esprit chrétien, son rayonnement apostolique et son triomphe définitif.

Dieu aidant, en avant !

M. RIGAUX.

ANNEXE

Doctrine catholique
de l'organisation du Travail dans la liberté

Textes pontificaux de Léon XIII et de Pie X [1]

Léon XIII [2].

28 décembre 1878. — Encyclique « *Quod Apostolici.* » (contre le Socialisme).

« Il nous paraît opportun d'encourager les sociétés d'artisans et d'ouvriers qui, instituées sous le patronage de la religion, savent rendre tous leurs membres contents de leur sort et résignés au travail, et les porte à mener une vie paisible et tranquille. »
(*Acta Leonis XIII.* Edition de la Bonne Presse, T. I, p. 41.)

20 avril 1884. — Encyclique « *Humanum Genus* » (contre la Franc-Maçonnerie).

« Une institution due à la sagesse de nos pères et momentanément interrompue par le cours des temps pourrait, à l'époque où nous sommes, redevenir le type et la forme de créations analogues. Nous

---

1. En regard des textes pontificaux pour l'association professionnelle, il est bon de rappeler que l'enseignement de Léon XIII et de Pie X ne maintient pas moins énergiquement les droits de la liberté humaine, de la liberté ouvrière notamment, en face de l'oppression socialiste ou syndicaliste révolutionnaire. Nous citons les principaux textes pontificaux en faveur de la liberté.

2. Une lettre pastorale de S. Em. le cardinal Langénieux, archevêque de Reims (8 décembre 1889), fait allusion à un texte de Pie IX :
« Pie IX, de sainte mémoire, disait en restaurant à Rome les corporations ouvrières : « L'esprit du temps et les législations actuelles nous interdisent absolument de penser au rétablissement des anciens systèmes et privilèges en faveur des classes distinctes des commerçants et industriels » ; mais ces considérations ne l'empêchaient pas de faire revenir ces diverses classes « à l'union fraternelle et aux pratiques qui furent si efficaces, durant tant de siècles, pour les maintenir dans la piété et la modération chrétiennes. »

voulons parler de ces corporations ouvrières destinées à protéger, sous
la tutelle de la religion, les intérêts du travail et les mœurs des
travailleurs. »

« Si la pierre de touche d'une longue expérience avait fait apprécier
à nos ancêtres l'utilité de ces associations, notre âge en retirerait peut-
être de plus grands fruits, tant elles offrent de précieuses ressources
pour combattre avec succès et pour écraser la puissance des sectes.
Ceux qui n'échappent à la misère qu'au prix du labeur de leurs mains,
en même temps que par leur condition ils sont souverainement dignes
de la charitable assistance de leurs semblables, sont aussi les plus
exposés à être trompés par les séductions et les ruses des apôtres du
mensonge. Il faut donc leur venir en aide avec une grande habileté et
leur ouvrir les rangs d'associations honnêtes pour les empêcher d'être
enrôlés dans les mauvaises. En conséquence, et pour le salut du
peuple, nous souhaitons ardemment de voir se rétablir, sous les auspices et le patronage des évêques, ces corporations appropriées aux
besoins du temps présent. Ce n'est pas pour nous une joie médiocre
d'avoir vu déjà se constituer en plusieurs lieux des associations de ce
genre, ainsi que des sociétés de patrons, le but des unes et des autres
étant de venir en aide à l'honnête classe des prolétaires, d'assurer à
leur famille et à leurs enfants le bienfait d'un patronage tutélaire, de
leur fournir le moyen de garder, avec de bonnes mœurs, la connais-
sance de la religion et l'amour de la piété [1]. »

1889. — Discours au pèlerinage des ouvriers français.

« Ce que nous demandons, c'est qu'on cimente à nouveau l'édifice
social ébranlé, en revenant aux doctrines et à l'esprit du christianisme ;
en faisant revivre, au moins quant à la substance, dans leur vertu
bienfaisante et multiple, et sous telles formes que peuvent le permettre
les nouvelles conditions des temps, ces corporations d'arts et métiers
qui, jadis informées de la pensée chrétienne, et s'inspirant de la mater-
nelle sollicitude de l'Eglise, pourvoyaient aux besoins matériels et religieux des ouvriers, leur facilitaient le travail, prenaient soin de leurs
épargnes, défendaient leurs droits et appuyaient, dans la mesure voulue,
leurs légitimes revendications. »

(Cité par Dehon, *Manuel social*, p. 154, sans indication de mois.)

[1]. « *Quibus propositum utriusque est honestam proletariorum classem
juvare, eorum liberos, familias, præsidio et custodia tegere in eisque
pietatis studia, religionis doctrinam, cum integritate morum tueri.* »

15 mai 1891. — Encyclique « *Rerum Novarum* ».

« Mais la première place appartient aux corporations ouvrières, *soda-litia artificum*, qui en soi embrassent à peu près toutes les œuvres. Nos ancêtres éprouvèrent longtemps la bienfaisante influence de ces corporations ; car, tandis que les artisans y trouvaient d'inappréciables avantages, les arts, ainsi qu'une foule de monuments le proclament, y puisaient un nouveau lustre et une nouvelle vie. Aujourd'hui, les générations étant plus cultivées, les mœurs plus policées, les exigences de la vie quotidienne plus nombreuses, il n'est point douteux qu'il ne faille adapter (*flecti*) les corporations à condition nouvelle. Aussi est-ce avec plaisir que Nous voyons se former partout des sociétés de ce genre, soit composées des seuls ouvriers, ou mixtes, réunissant à la fois des ouvriers et des patrons *(sive totas ex opificibus conflatas, sive ex utroque ordine mixtas);* il est à désirer qu'elles accroissent leur nombre et l'efficacité de leur action. Bien que Nous Nous en soyons occupé plus d'une fois, Nous voulons exposer ici leur opportunité et leur droit à l'existence, et indiquer comment elles doivent s'organiser et quel doit être leur programme d'action. » (*Acta*, T. III, p. 59.)

« De ce que les sociétés privées n'ont d'existence qu'au sein de la société civile, dont elles sont comme autant de parties, il ne suit pas, à ne parler qu'en général et à ne considérer que leur nature, qu'il soit au pouvoir de l'Etat de leur dénier l'existence. Le droit à l'existence leur a été octroyé par la nature elle-même... » (Ibid., p. 61.)

« Jamais assurément, à aucune autre époque, on ne vit une si grande multiplicité d'associations de tout genre, surtout d'associations ouvrières. D'où viennent beaucoup d'entre elles, où elles tendent, par quelle voie, ce n'est pas ici le lieu de le rechercher. Mais c'est une opinion confirmée par de nombreux indices qu'elles sont ordinairement gouvernées par des chefs occultes, et qu'elles obéissent à un mot d'ordre également hostile au nom chrétien et à la sécurité des nations ; qu'après avoir accaparé toutes les entreprises, s'il se trouve des ouvriers qui se refusent à entrer dans leur sein, elles leur font expier ce refus par la misère. Dans cet état de choses, les ouvriers chrétiens n'ont plus qu'à choisir entre ces deux partis : ou de donner leur nom à des sociétés dont la religion a tout à craindre, ou de s'organiser eux-mêmes et de joindre leur force pour pouvoir secouer hardiment un joug si injuste et si intolérable. Qu'il faille opter pour ce dernier parti, y a-t-il des hommes ayant vraiment à cœur d'arracher le souverain bien de l'humanité à un péril imminent qui puissent avoir là-dessus le moindre doute ? » (P. 62.)

« D'autres s'occupent de fonder des corporations assorties aux divers métiers et d'y faire entrer les artisans; ils aident ces derniers de leurs conseils et de leur fortune et pourvoient à ce qu'ils ne manquent jamais d'un travail honnête et fructueux. Les évêques, de leur côté, encouragent ces efforts et les mettent sous leur haut patronage : par leur autorité et sous leurs auspices, des membres du clergé, tant séculier que régulier, se dévouent en grand nombre aux intérêts spirituels des corporations. Enfin, il ne manque pas de catholiques qui, pourvus d'abondantes richesses, mais devenus en quelque sorte compagnons volontaires des travailleurs, ne regardent à aucune dépense pour fonder et étendre au loin des sociétés, où ceux-ci puissent trouver, avec une certaine aisance pour le présent, le gage d'un repos honorable pour l'avenir. Tant de zèle, tant et de si industrieux efforts, ont déjà réalisé parmi les peuples un bien très considérable et trop connu pour qu'il soit nécessaire d'en parler en détail. Il est à Nos yeux d'un heureux augure pour l'avenir, et Nous Nous promettons de ces corporations les plus heureux fruits, pourvu qu'elles continuent à se développer et que la prudence préside toujours à leur organisation. » (P. 63.)

« Si donc, comme il est certain, les citoyens sont libres de s'associer, ils doivent l'être également de se donner les statuts et règlements qui leur paraissent les plus appropriés au but qu'ils poursuivent. » (P. 65.)

« Tout ce qu'on peut dire en général, c'est qu'on doit prendre pour règle universelle et constante, d'organiser et gouverner les corporations de façon qu'elles fournissent à chacun de leurs membres les moyens propres à lui faire atteindre, par la voie la plus commode et la plus courte, le but qu'il se propose, et qui consiste dans l'accroissement le plus grand possible des biens du corps, de l'esprit, de la fortune. » (P. 65.)

« Le sort de la classe ouvrière, telle est la question qui s'agite aujourd'hui; elle sera résolue par la raison ou sans elle, et il ne peut être indifférent aux nations qu'elle soit résolue par l'une ou l'autre voie. Or, les ouvriers chrétiens la résoudront facilement par la raison si, unis en sociétés et conduits par une direction prudente, ils entrent dans la voie où leurs pères et leurs ancêtres trouvèrent leur salut et celui des peuples. » (P. 69.)

6 janvier 1895. — Encyclique « *Longinqua Oceani* » (aux évêques de l'Amérique du Nord).

« Assurément ils (les ouvriers) ont le droit de s'unir en des associations pour le bien de leurs intérêts : l'Eglise les favorise et elles sont conformes à la nature... » (*Acta,* p. 175.)

« Ils (les ouvriers) ont de très grands devoirs... : laisser à chacun la liberté pour ses propres affaires, n'empêcher personne de donner son travail où il lui plaît et quand il lui plaît. » (Ibid., p. 175.)

18 janvier 1901. — Encyclique « *Graves de Communi* » (sur la Démocratie chrétienne).

« Assez abondants ont été les fruits que les catholiques ont retirés de Nos enseignements... Sur le terrain de l'action, le résultat a été que, pour prendre plus à cœur les intérêts des prolétaires, surtout là où ils étaient particulièrement lésés, nombre de nouvelles initiatives se sont produites ou d'utiles améliorations se sont poursuivies, grâce à un esprit de suite constant. Signalons ces secours offerts aux ignorants sous le nom de secrétariats du peuple, les caisses rurales de crédit, les mutualités d'assistance ou de secours en cas de malheur, les associations d'ouvriers (*opificum sodalitia*), et d'autres sociétés ou œuvres de bienfaisance du même genre. » (*Acta*, id., p. 207.)

« Cette loi de charité mutuelle... ne nous ordonne pas seulement... de n'entraver l'exercice d'aucun droit. » (*Acta*, T. VI, p. 215.)

Pie X.

18 décembre 1903. — « *Motu Proprio* » (sur l'action populaire chrétienne, art. XI.)

« A la solution de la question ouvrière peuvent contribuer puissamment les capitalistes et les ouvriers eux-mêmes, par des institutions destinées à fournir d'opportuns secours à ceux qui sont dans le besoin ainsi qu'à rapprocher et unir les deux classes entre elles. Telles sont les sociétés de secours mutuels, les multiples assurances privées, les patronages pour les enfants, et par-dessus tout les corporations des arts et métiers (*e sopra tutto le corporazioni di arti e mestieri*). »
(*Acta Pii X, T. I, p. 110.*)

19 mars 1904. — *Bref à M. le comte Medolago Albani* (président du 2ᵉ groupe de l'œuvre des congrès catholiques en Italie).

« Continuez donc... à promouvoir et à diriger non seulement des institutions d'un caractère purement économique, mais aussi celles qui sont analogues : les Unions professionnelles, ouvrières et patronales, établissant entre elles un bon accord... »

11 juin 1905. — Encyclique « *Il fermo proposito* » (sur l'action catholique).

« Que chacun s'emploie donc à améliorer, dans les limites de la justice et de la charité, la condition économique du peuple, en favorisant et propageant les institutions qui conduisent à ce résultat, celles surtout qui se proposent de bien discipliner les multitudes en les prémunissant contre la tyrannie envahissante du socialisme, et qui les sauvent à la fois de la ruine économique et de la désorganisation morale et religieuse. (*Acta*, T. II, p. 103.)

20 février 1907. — *Lettre aux directeurs provisoires de « l'Union économico-sociale pour les catholiques italiens »*.

« Quelles institutions seront à promouvoir de préférence au sein de l'Union, c'est à votre industrieuse charité à le voir. Les plus opportunes Nous semblent être celles qu'on désigne sous le nom d'*unions professionnelles*, aussi vous recommandons-Nous de nouveau et instamment de veiller soigneusement à leur fondation et à leur bonne marche. A cette fin, vous ferez en sorte que ceux qui en doivent faire partie y soient convenablement préparés ; c'est-à-dire qu'ils apprennent de personnes compétentes la nature et le but de l'association, les devoirs et les droits des ouvriers chrétiens, enfin les enseignements de l'Eglise et des documents pontificaux qui se rapportent plus particulièrement aux questions du travail. Très utile sera sur ce point la coopération du clergé, lequel, à son tour, y trouvera de nouveaux secours pour rendre plus efficace son ministère sacré parmi le peuple. Car les ouvriers ainsi préparés deviendront non seulement des membres utiles de l'union professionnelle, mais encore de vaillants auxiliaires du clergé pour propager et défendre la pratique des enseignements du christianisme. » (*Acta*, T. III, p. 38.)

25 août 1910. — « *Lettre sur le Sillon*. »

« L'Eglise, qui n'a jamais trahi le bonheur du peuple par des alliances compromettantes, n'a pas à se dégager du passé et il lui suffit de reprendre, avec le concours des vrais ouvriers de la restauration sociale, les organismes brisés par la Révolution et de les adapter, dans le même esprit chrétien qui les a inspirés, au nouveau milieu créé par l'évolution matérielle de la société contemporaine : car les vrais amis du peuple ne sont ni révolutionnaires ni novateurs, mais traditionnalistes. » (*Actes Sociaux*. Action Populaire, n° 54, p. 27-28.)

18 décembre 1910. — « *Lettre aux archevêques et évêques du Brésil.* »

« Que cette action sociale des catholiques, pénétrée d'esprit chrétien (hanc porro catholicorum actionem christiano more socialem), doive être préconisée par vous de toutes vos forces dans vos cités, Vénérables Frères, c'est ce que Nous enseigne l'époque actuelle si féconde en ce genre d'associations et d'œuvres sociales ; c'est ce que demande la charité chrétienne qui nous ordonne de nous rendre service les uns aux autres, avec un zèle soucieux avant tout du salut éternel des âmes, mais qui se préoccupe aussi des besoins et du bien-être matériels (quodque ea non prætermittat quæ usui sunt et adjumento vitæ), c'est ce que réclament et réclament instamment les intérêts du peuple chrétien, de plus en plus compromis par les efforts pervers des violents. Il faut lui porter secours sans retard de peur que, circonvenu par sa misère, mauvaise conseillère, et par les embûches de ses ennemis, il ne tombe au piège des socialistes et ne perde misérablement sa religion et sa foi. »

> (*Acta Apostolicæ Sedis*, 12 juillet 1911, p. 312 (texte latin), et *Questions actuelles*, 5 août 1911, p. 165 (traduction française un peu retouchée par nous).

6 juin 1911. — Deuxième « *Lettre aux archevêques et évêques du Brésil.* »

« Il n'échappe pas à votre prudence à quel point intéressent le bien commun, ces associations qui, fondées pour promouvoir la piété, la bienfaisance, l'utilité mutuelle, se développent et prospèrent dans tout l'univers catholique. Il Nous serait très agréable de voir vos diocèses ornés de pareilles institutions et Nous vous exhortons à y pourvoir par votre autorité. Par-dessus tout, que se forment ces groupements de catholiques que l'on a coutume d'organiser en vue d'assurer les intérêts sociaux [1], ce genre d'associations est en effet tout particulièrement approprié à notre temps. »

24 septembre 1912. — Lettre « *Singulari quadam* » (sur les syndicats allemands).

« Quant aux associations ouvrières, bien que leur but soit de procurer des avantages temporels à leurs membres, celles-là méritent une appro-

---

1. « ... in primis autem ut illa catholicorum corpora existant quæ rei sociali tuendæ componi solent... » Nous n'avons pas trouvé de traduction officielle de ce document. Serait-ce trahir la pensée pontificale que de traduire : « groupements corporatifs de catholiques » ? (*Acta Apostolicæ Sedis*, 26 juin 1911, p. 263 (texte latin).

bation sans réserve et doivent être regardées comme le plus réellement et efficacement utiles à leurs membres, qui s'appuient avant tout sur le fondement de la religion catholique et suivent ouvertement les directions de l'Eglise. Nous l'avons déclaré Nous-même plus d'une fois lorsque l'occasion s'en est offerte pour diverses nations. Il s'ensuit qu'il est nécessaire d'établir et de favoriser de toute manière ce genre d'associations confessionnelles catholiques, comme on les appelle, dans les contrées catholiques certes, et, en outre, dans toutes les autres régions, partout où il paraîtra possible de subvenir par elles aux besoins divers des associés.

« S'il ne serait permis à personne d'une part d'accuser de foi suspecte et de combattre à ce titre ceux qui, fermes dans la défense des doctrines et des droits de l'Eglise, veulent cependant, dans un juste dessein, appartenir aux syndicats mixtes [1] et en font partie, là où les circonstances de lieu ont poussé l'autorité religieuse à permettre ces syndicats, sous certaines conditions ; d'un autre côté, il faudrait réprouver hautement ceux qui poursuivraient de sentiments hostiles les associations purement catholiques. »

1. C'est-à-dire interconfessionnels.

CERCLES D'ÉTUDES

BROCHURES DE L'ACTION POPULAIRE A **O** FR. **25** (FRANCO)

GUIDE SOCIAL 1913-1914

Dixième année.

Un volume de 390 pages. — Prix : **3 fr.** ; **3,30** franco.

————————⊛————————

〜〜〜〜〜〜〜

ACTION POPULAIRE
5, rue des Trois-Raisinets, 5
REIMS

A. NOËL « Maison Bleue »
4, rue des Petits-Pères, 4
PARIS (2')

DEUXIÈME ÉDITION

Manuel Social Pratique

Un volume d'environ 420 pages, broché, couverture forte

Prix : **3 fr. 50** ; *franco*, **4 fr.**

TABLE DES MATIÈRES

Adresser les commandes à M. l'Administrateur de la P.,
5, rue des Trois-Raisinets, Reims ;
ou à la Maison Bleue, A. Noël, 4, rue des Petits-Pères, en face
l'église N.-D. des Victoires, Paris, 2e.

Bar-le-Duc. — Impr. Brelard, Meuwly et Cie. — 6857,3,11

Original en couleur

NF Z 43-120-8

BIBLIOTHÈQUE RURALE

BROCHURES DE L'ACTION POPULAIRE A **0** FR. **25** (FRANCO)

---

www.ingramcontent.com/pod-product-compliance
Lightning Source LLC
Chambersburg PA
CBHW060802280326
41934CB00010B/2530